Chiquilinadas

Anécdotas divertidas y ocurrencias
de los niños

Lucas Olmos

Copyright © 2013-17 Lucas Olmos

Copyright © 2017 Editorial Imagen.
Córdoba, Argentina

EditorialImagen.com
All rights reserved.

Todos los derechos reservados. Ninguna parte de este libro puede ser reproducida por cualquier medio (incluido electrónico, mecánico u otro, como ser fotocopia, grabación o cualquier sistema de almacenamiento o reproducción de información) sin el permiso escrito del autor, a excepción de porciones breves citadas con fines de revisión.

CATEGORÍA: Humor

Impreso en los Estados Unidos de América

ISBN-10:1-64081-019-6
ISBN-13:978-1-64081-019-8

ÍNDICE

Introducción	3
Historias de Padres	5
Humor Infantil	45
Anécdotas de los Más Pequeños	71
En el colegio	77
En cuanto a los animals	81
En la casa	82
De todo un poco I	84
Semana Santa	94
De todo un poco II	97
Cortes de luz	100
De todo un poco III	107
Más Libros por Lucas Olmos	115

Chiquilinadas

Introducción

Podemos decir con seguridad que la infancia es uno de los períodos más felices de la vida de una persona. La razón de ello es muy simple. Los niños no tienen nada de qué preocuparse, casi no tienen obligaciones o problemas, y pueden pasar el rato con sus amigos todo el día.

Este es un libro que recopila todos esos momentos maravillosos que como padres experimentamos con nuestros hijos. Leerás historias divertidas, cómicas y con un final inesperado, gracias a la ocurrencia de los más pequeños.

Muchísimos padres de todo el mundo comparten sus anécdotas y experiencias reales con sus pequeños en el primer capítulo: "Historias de padres". Luego, en la sección "Humor Infantil", leerás los mejores chistes sobre niños que he encontrado a la hora de escribir para este libro.

Finalmente, la sección "Anécdotas de los más pequeños" contiene diferentes maneras de ver y experimentar la vida de niños de todo el mundo. Estas vivencias abarcan diferentes lugares, como el hogar, el colegio, y diferentes situaciones, como cortes de luz, experiencias con animales y festividades.

Espero que disfrutes leyendo este libro, y que pueda alegrar tu día.

.

Historias de Padres

Alabando a Dios
Por Mariel

Estábamos un domingo en misa y Camilo, mi hijo de 5 años, me pregunta: "¿Para qué se canta en la iglesia?"

A lo que respondí: "para alabar a Dios".

Al rato pregunta: "Mamá, ¿cuándo cantamos la canción para enjabonar a Dios?"

Respuesta para todo
Por Mary Stephenson, Canadá

El día de Halloween estaba en casa de mi amiga Betty. Cada año, ella se pone una capa negra muy larga, un sombrero de bruja y unos dientes saltones. Esa tarde sonó el timbre y al abrir la puerta, mi amiga notó que uno de los niños que pedía caramelos tenía unos dientes parecidos a los suyos.

— Vaya, tienes una dentadura como la mía —exclamó ella.

— Sí —contestó el niño—, ¡pero la mía es falsa!

Decaído
Por Natalia López Victoria

Un fin de semana, cuando mi primo tenía seis años, se quedó a dormir en casa de mi familia y al llegar mi tía a recogerlo, le preguntó cómo había amanecido.

— Decaído, mami —contestó el niño.

Mi tía, orgullosa porque había utilizado una palabra nueva, le preguntó:

— ¿Por qué decaído, hijo?

— Es que me caí de la cama y por eso me desperté —contestó mi sobrino.

Mardel y los dinosaurios
Por Mónica

Estaba pasando unos días en Mar del Plata, en la casa de mi amiga Micaela. Por la noche, su hijo de 3 años, Teo, me pidió que le leyera un libro. Así lo hice, y cuando terminé le pedí que me dejara leer mi libro antes de dormir. Con intriga se me acercó y me preguntó: "¿Qué estás leyendo? ¿Bukowski?"

En otra ocasión estábamos cenando y comentábamos lo mal que está la humanidad, cuando de pronto Bruno asombrado nos dijo: "Si volviera San Martin y los dinosaurios esto no sería lo mismo".

Árboles mojados
Paula, dos años y medio. 9 de Julio, Bs. As.

A fines de invierno recuerdo que estábamos en el parque con mi sobrina menor, Paula, de dos años y medio. Toma una rama seca del suelo y pregunta:

– ¿Qué esto?

– Una hoja.

– ¿Y por qué se cayó?

– Porque se secó.

– ¿Y cuándo se mojó?

Van Gogh
Lilly, 6 años. N. de la Ristra

Un día mi hija me preguntó muy seriamente: "Mamá, ¿por qué Van Gogh se cortó una oreja?"

En esa época le gustaba mucho la música de la banda española La Oreja de Van Gogh, a lo que respondí, "No sé Lilly, se dice que estaba loco". Se quedó pensando y luego me respondió: "Lástima, con lo bien que canta."

Porcinos de compras
Augusto, 9 años. N. de la Ristra

Augusto escucha que le digo a su padre que no lo lleve al shopping por el tema de la fiebre porcina, por lo cual se enoja y comienza a protestar y a los gritos me dice: "Ma! a quién se le ocurre meter un chancho en un shopping!!!"

Bellos vellos

Santino, de 2 años y medio, me acariciaba el brazo. En un momento me mira y me dice: "Mamá, quién te lo "petó"? Al no comprender lo que me preguntaba, me explicó: "¿Los pelos.... te los prestó papá?"

Cumpleaños original
Por Carla Mastroianni

Mi hija Antonella estaba tratando de instalar un juego que no era original en su computadora. Al intentarlo sin éxito, yo les prometí a mis hijas que les iba a comprar el juego original en el cumpleaños de Carla, que era unos meses más adelante, en octubre.

Al escuchar esto, Julieta, mi hija de 6 años, replicó:

– Pero mamá, ¡falta mucho para el cumpleaños de Carla! ¿Por qué no lo compras para el cumpleaños de ninguna?

Lengua de trapo

Me encanta la lengua de trapo de mi sobrina (que también es mi ahijada).

Estábamos un día viniendo del parque, yo con el cochecito de mi hijo, la correa de mi perra e Irene de la mano. Le pedí que llamara al ascensor. Se pone delante de la puerta y convencidísima grita "¡ascensooooooor, veeeeeen!" Me sigo riendo al acordarme :)

Mucho baile

Un día que tenía un horrible dolor de cabeza y estaba muy mareada, me llamó mi hija de 2 años porque ya se había despertado. Cuando llegué a la habitación le dije: "Estoy malita, estoy muy mareada..."

A lo que me contesta mi hija: "¿Mamá, es que has bailado mucho?"

¿Dos partes?

Un día estábamos con mi hija mayor en el parque y nos teníamos que ir. Ella hacía como que no se enteraba, y cuando por fin se dio por aludida pedía quedarse más tiempo, una y otra vez. Mi marido, enojadísimo, le dijo apuntándola con el índice:

– A ver hija, NO es NO, ¿qué parte de NO no entiendes, la "N" o la "O"?

Y va mi hija, se agacha y mirando a su padre como si viera a un marciano le dice: La "O".

Yo me tuve que esconder detrás de un árbol para que la niña no viera cómo me moría de la risa por la cara que puso su padre.

Agradecimiento
Por Obbie Deelstra, Canadá

Tras dos días de permanecer de visita en mi casa, mi sobrina Jaycee, de nueve años, expresó su gratitud por la estancia. Fue difícil evitar reírnos cuando, al dirigirse hacia la puerta, la pequeña sonrió, nos dio un abrazo y exclamó:

– Gracias por la hostilidad

Todo incluido
Por Maureen Croswell, Canadá

Cierta vez, en unas vacaciones de primavera, fuimos a un complejo turístico todo incluido en el Caribe con nuestros dos pequeños hijos. Una vez en el lugar, todos debíamos usar un brazalete de plástico de distinto color.

Casi un año después, Liam, nuestro hijo de nueve años, enfermó y tuvimos que ingresarlo en un hospital. Le aterraba la idea de pasar la noche allí, pero cuando la enfermera de establecimiento le colocó un brazalete del hospital en la muñeca, nuestro pequeño dejó de llorar.

– ¿Esto significa que están incluidos todos los alimentos? –preguntó.

Traducción literal

Cierta tarde llegué a casa de la preparatoria y en la sala se encontraba mi hermana de 8 años y sus compañeros de clase. Estudiaban para su examen de inglés. Me preguntaron que si podría ayudarles con unas frases típicas de salón. Y comencé a decirlas en inglés y ellos contestaban la traducción al español. Cuando tocó el turno del niño más despistado, le dije "Listen and repeat", a lo que el niño contesta sin pensar: "no me llamo Juan Carlos."

Anécdotas varias de cuando era niño
Por Fabián Di Nardo, Buenos Aires

(6 años)

Mamá: – ¿Te parece bien dejarme los pañuelos llenos de moco tirados por toda la casa?

Yo: – Y... Así son los chicos...

(6 años)

– ¿Sabes una cosa, ma? Yo nunca me voy a casar.

– ¿Y por qué no te vas a casar? Si es hermoso. Te vas a enamorar, te vas a casar y vas a tener hijos...

– No, yo ya estoy enamorado de vos. Pero nunca me voy a casar porque yo quiero jugar al fútbol y ¡No me gusta que me molesten!

–¿?

(6 años)

Íbamos viajando en un taxi, en uno de esos días lluviosos pero muy muy calurosos. En un momento dado, asomó un rayito de sol por entre los vidrios del auto y mi madre, sonriente y haciéndome un mimito sobre la pierna, exclamó:

-¡Uy, mira! ¡Mira todos los pelitos largos que tienes!

La miré absolutamente ofendido por su descubrimiento e inmediatamente le contesté:

-¿Qué tiene? ¡Tú también tienes un montón!

(7 años)

En el colegio tenía que redactar oraciones con cualidades de mamá. Y a mí se me ocurrió homenajearla escribiendo lo siguiente:

«Mi mamá cocina tan bien, que a veces se le quema la comida».

(7 años)

— ¡Má! ¿En tu época no había televisión por cable, no?

— No, el cable es algo bastante nuevo, debe tener más o menos 10 años...

— ¡Ah, claro! Es que en tu época no había tele...

(7 años)

— Mami... ¿Cómo hacen los novios para casarse?

— Y... van al Registro Civil, piden un turno y cuando llega el día se casan ante el Juez.

— No, no, yo digo cómo hace uno para convencerla...

Mentiras de la tele
Por Joana

Mi hija Leticia estaba mirando un libro con los cuentos de Disney, aquellos en los cuales aparecen las princesas, es decir, la Cenicienta, Blancanieves, etc. Teníamos el televisor encendido y en las noticias hacían referencia a la princesa de Holanda. De pronto mi hija miró la tele, volvió a mirar su libro de princesas y exclamó:

— ¿Ves? ¡Otra mentira! Ella no es princesa porque no sale en mi libro de cuentos.

Anécdotas de gemelos
Ricardo, Venezuela

Estábamos mi esposa y yo hablando de las bodas y los viajes de luna de miel, cuando veo que uno de los gemelos nos miraba muy pensativo. De repente le pregunta a su madre: "Y a ese viaje, ¿se va en cohete?"

No le faltaba lógica, ¿no?

Otro día, el hermano gemelo del anterior, tras contemplar detenidamente a una mosca, me pregunta: "¿Y las moscas hacen popó en el cielo?"

Sistema solar
Por Jackeline, Chile

En una oportunidad le contaba yo entusiasmadísima a mi hijo de cinco años cómo funcionaba el sistema solar y para ello tomé una naranja (que supuestamente era la tierra) y una lámpara encendida (que supuestamente era el sol).

Todo iba bien, los dos entusiasmadísimos, yo hacía girar la naranja alrededor de la luz simulando los movimientos de rotación y traslación y el típico "...cuando en Chile es de día, los chinitos en China están durmiendo..." y viceversa. A todo esto era ya de noche.

Al final de cuento los dos felices disfrutando de la historia, cuando al final le pregunto a mi genio: "Bien, ¿entendiste la idea?" Y él me responde: "Claro que sí, mamá, cuando es de día en Chile los chinitos están durmiendo, pero como ahora es de noche ¡yo estoy en China!"

Secretos en reunión...

En una oportunidad fui al médico con mi hijo mayor que en ese entonces tenía como 5 añitos, nos sentamos en la sala de espera y empezó insistentemente a decirme que quería contarme un secreto al oído y miraba mucho a la secretaria. Como insistía en mirarla y en hablarme al oído, ella lógicamente se percató, y nos sonreía, cabe mencionar que la señora tenía un gran lunar justo al terminar su nariz.

Yo como buena mamá le hacía notar que no era de buena educación secretearse en público, así que mejor que dijera en voz alta lo que quería, pero el niño insistía en que debía ser en secreto.... tanto se extendió la situación que al final se hizo incómoda y yo con autoridad le pido que me diga lo que quiere decirme, y él haciendo de tripas corazón, pero con gran aplomo me dice frente a todo el mundo...

– Mami, ¡es que esa mujer tiene un moco y no se ha dado cuenta!

Papás modernos

Mi marido lleva 3 meses en Haití y nos comunicamos por correo electrónico. Con mi hijo mayor, Héctor, hemos tratado de que mi hijo menor, Juan Pablo, de un año, no se olvide de su papá y le mostramos su imagen en la webcam. El problema es que ahora le mostramos fotos y nada, porque le dice papá al computador.

Generosidad infantil
Por Shirley

Una noche después de la cena, mi hijo de cinco años comenzó a repartir algo a toda la familia, diciendo:

– ¿Quieres comer uno?

Mi esposo tomó el pequeño objeto y comenzó a masticarlo.

– ¿Qué es esto? –le preguntó mientras mascaba.

Mi hijo, muy orgulloso de su generosidad, le contestó firmemente:

– ¡Es uno de los chicles mascados de la colección que tengo, los busco debajo de todas las sillas y las mesas de mi escuela!

Escuela Dominical

Un día ayudaba a mi esposa en la escuelita dominical de niños (5 a 7 años). Les enseñábamos sobre el Espíritu Santo.

Usábamos una esponja seca para mostrar cómo era un

cristiano sin el Espíritu Santo y la mojábamos para enseñar cómo era cuando estaba lleno de Él.

Le saqué toda el agua y pregunté a los niños "¿Ahora qué parece?"

A lo que varios respondieron: "a Bob Esponja".

Respeto al mayor

En otra oportunidad íbamos caminando por la calle y en la vía contraria venia una ancianita caminando lentamente, y mi hijo más pequeño, que tenía como tres años, se le acercó al más grande de cuatro y calladamente le dice: "Mario, mira esa viejita cómo camina" y el más grande, como de cuatro, le responde a manera de regaño: "Daniel, no se dice viejita, se dice ve-te-ra-na."

El payasito

Cuando mi hijo Irving tenía 2 años y 9 meses lo llevé al trabajo y en el trayecto, al subir en el autobús de transporte público, nos sentamos en una fila del costado izquierdo, la cual tenía enfrente a la otra fila que nos miraba.

Calles más adelante se sube un chico con rastas y pelo bastante alborotado, sentándose enfrente de nosotros. Mi hijo al verlo me dice:

– Papi ¿Por qué no se peina el payasito?

Yo apenado con el muchacho por la ingenua franqueza y espontánea indicación con que habló mi hijo, y tratando de disimular que se dirigió a él, le digo a mi hijo en voz alta, y a la vez viendo de frente y como buscando hacia afuera:

– ¿Cuál payasito? ¿El que está en la calle limpiando parabrisas?

Y mi hijo, señalando con su dedito hacia el muchacho, contesta con voz firme:

– Nooo, ¡Este payasito!

TV en familia
Por Darío Paduan

Una noche mirábamos televisión con mi mujer, acostados en la cama y nuestra hija Carolina en medio de ambos. El conductor de un programa musical presentaba a la cantante María Marta Serra Lima y nosotros charlábamos sin atender el espectáculo. Cuando la artista, luego de la introducción, se acercaba al micrófono en medio del escenario, Carolina, que en ese momento andaba por los cinco años, nos silenció con un comentario:

– ¡Miren –dijo exaltada–, María Marta Sele Arrima!

No te conozco
Por Velia Veliz

Tengo una sobrinita de tres años y su mamá nos contó que un día no pudieron ni ella ni su esposo pasar a buscarla a la guardería, por lo que le pidieron de favor a un tío de la niña que pasara por ella, con el que dicen se lleva de maravilla. Él no tuvo ningún problema en ir, solo que al pasar a recogerla le preguntaron que cuál era su parentesco con la niña y él dijo que era su tío, cosa que intentaron confirmar con la niña preguntándole que si lo conocía.

Pero ella respondió que no, por lo que el tío apenado empezó a hablarle y la niña aferrada a que no lo conocía, a tal grado llegó que por seguridad tuvieron que llamar al papá de la niña para confirmar con identificación en mano del supuesto tío, si era en realidad familiar.

El papá confirmó su identidad y dejaron ir a la niña acompañada de su familiar. Lo más gracioso es que cuando se la fue a dejar a su mamá, con toda la espontaneidad del mundo la nena se despidió diciendo:

– ¡Adiós, tío!

Muchas luces
Por Aurora Carrasco Pena

Un día le estaba poniendo el jersey a mi hijo mayor, que

en ese tiempo tenía 3 años. La cosa es que la prenda tenía un cuello muy pequeño, por lo cual se atoró, y fue cuando el niño dijo: "Ah, viste mamá, ¡cuánta memoria tengo!"

Decoración de interiores
Por Margott Vega

Mi niño, que en ese entonces tenía alrededor de 2 años, estaba aprendiendo a ir al baño, pero en esta ocasión se demoraba mucho, así que de tanto en tanto iba y le tocaba a la puerta diciéndole: "¿Yaaaaa?" Y él decía: "¡Nooo!"

Así varias veces, hasta que me desesperé y le abrí a la puerta.

Me sorprendí mucho al ver que tenía tapizada la pared de todo el baño con toallas sanitarias, ¡les quitaba la cinta y las pegaba! Al verme me dijo: "Mira, mamá, ¡qué bonito me está quedando, ¿verdad?"

El futuro está aquí
Por Graciela Román

Mi hija tenía 3 años y se dedicaba a dar vueltas por toda la casa, y yo estaba muy atareada con la computadora, que se había trabado y no funcionaba, por lo que no podía trabajar en ella. De pronto mi hija, pasando por allí se detuvo a mirar y dijo:

– "decetealo"

– ¿qué?

– "decetealo", repitió

Muy preocupada le digo que no la entiendo. Ella con su dedito índice de la mano derecha apretó un botón de la CPU, la reseteó, se reinició y la computadora respondió. Me sorprendió tanto que no tuve más que reír.

Para tener en cuenta
Por Gustavo Sánchez

En frente de casa había un terreno donde un caballo comía césped. Una vez llego del trabajo y mi hija, en ese entonces de 4 años, me dice: "Mira papá que el gato come carne y el caballo... ¡come piso!"

Arte infantil
Por Gustavo Sánchez

Preocupado porque uno nunca dedica el tiempo suficiente a los hijos, me dispuse a jugar con mi hijo de seis años. Él, con mucho ingenio había calado un rectángulo en una caja de zapatos, y al costado del rectángulo calado había dibujado unos botones que simulaban los controles de un televisor. Digamos que no parecía otra cosa. Yo quise ponderar el trabajo y cándidamente le digo: "¡Qué bonito! ¿Es un televisor, verdad?" Y él, muy displicentemente me dice: "No, es una caja de cartón".

Asesino de Grosos
Por Ana María Alvarado Correa

Un día mi niña, cuando tenía cerca de 9 años, fue al circo del pueblo y llegó muy asustada porque vio un animal muy grande. Me dijo que había matado un groso.

– ¿Cómo? –le pregunté.

– Sí, mamá, tenía un letrero que mató un groso.

Y en realidad era un mono de la selva brasileña del Matto Grosso. Para mí fue súper divertido.

Oración especial
Por Eva Elena Carranco López

Cuando mi sobrino era pequeño, fuimos al panteón a visitar a sus abuelos porque ahí se encuentran enterrados. Mi sobrino traía un libro de oraciones y con mucho entusiasmo nos decía que él quería rezar, total que le dimos permiso de hacer la oración por los abuelos, se paró muy derechito frente a la tumba y comenzó a leer:

"Señor Dios te damos gracias por los alimentos que hoy vamos a disfrutar, bendice las manos...." Todos teníamos una sonrisa iluminada en nuestras caras, sin embargo todos respetamos el momento de oración. Fue realmente una oración muy alegre.

Cuando terminó de rezar, todos nos reímos sin control y él muy contento dijo: "¿Qué bonito recé, verdad?" Jamás supo el motivo de nuestra risa, aún lo recuerdo con mucha alegría.

El monito

Cuando Nicolás tenía unos 5 años más o menos, apareció con un mono de peluche que tenía desde que nació y dijo:

– Yo me llevo a Tributo

– ¿A quién? –preguntamos nosotros. Y él dijo:

– A Tributo, al mono.

– ¿Y por qué le pusiste ese nombre?

– Es que vos siempre decís... ¡el monotributo, el monotributo!

Las mismas palabras
Por Noemi Todò

Un día mi hija de cinco años jugaba con su primo de la misma edad. En un momento viene corriendo y me dice con cara de horror: "¡Mamá, mamá, Ricardo está diciendo las mismas palabras que dice papi cuando no le salen los tornillos!"

Atento al gel
Por Amanda Batty, Canadá

Una mañana, cuando tenía yo cinco meses de embarazo, me estaba arreglando frente a la atenta mirada de mi hijo Nathan, de tres años.

Me puse gel en el cabello, y luego un poco de crema en el vientre.

En ese momento, Nathan preguntó intrigado: "¿Eso es gel para el cabello del bebé?"

Casita de colores
Por Mirta Arrébola, Argentina

Estábamos paseando por el centro de Buenos Aires y le digo a mi hija, que en ese entonces tenía 6 años:

– Mira, esa es la casa rosada y es donde está el presidente.

A lo que mi hija me responde:

– ¿El presidente es gay?

Ingenio infantil

De niño yo tenía la mala costumbre de interrumpir la siesta que tomaba mi mamá para pedirle cosas que no eran de emergencia. Finalmente ella me dijo que no quería que le hablara cuando estaba acostada a menos que estuviera despierta. Le pregunté cómo podría saber si estaba despierta, y me dijo que estaba despierta si tenía los ojos abiertos.

Al día siguiente me metí al cuarto para pedirle algo, y con el dedo le subí el párpado y le dije: "¡Ya estás despierta! ¡Tienes el ojo abierto!"

Lo bueno es que se rió.

Compartir con responsabilidad
Por Lorena Lezama, Perú

En una ocasión, cuando yo tenía cinco años, mi papá me llevó a un laboratorio para que me hicieran un análisis de sangre. Al llegar, una enfermera muy amable sacó una jeringa y me hizo extender el brazo. Mi papá estaba muy nervioso, pues no sabía cómo reaccionaría yo, ya que era la primera vez que me iban a pinchar. La enfermera siguió con el procedimiento hasta obtener la muestra deseada.

La preocupación de mi papá se esfumó rápidamente al ver que, en vez de llorar, le pregunté en tono de reclamo a la enfermera:

— ¿Y cuándo me va a devolver mi sangre?

Curiosidad infantil
Por Amanda Batty, Canadá

Una mañana, cuando tenía yo cinco meses de embarazo, me estaba arreglando frente a la atenta mirada de mi hijo Nathan, de tres años.

Me puse gel en el cabello, y luego un poco de crema en el vientre.

En ese momento, Nathan preguntó intrigado: "¿Es eso gel para el cabello del bebé?"

Pausa y enseguida volvemos…
Por Amy Aparicio, Estados Unidos

A mi hijo de cuatro años le gusta mucho entretenerse con videos para niños pequeños, y hasta sabe usar el control remoto de nuestro reproductor de DVD.

Como quería animarlo a que usara más su imaginación,

un día empecé a contarle un cuento mientras desayunábamos. Él estaba fascinado con el relato, pero de pronto dijo:

— Mami, ¿puedes oprimir el botón de pausa? Es que tengo que ir al baño, pero en seguida regreso para escuchar el resto de la historia.

Despedida de soltera
Por Karla Torres, México

Mi esposo y yo fuimos a comer a un restaurante con nuestras hijas. Al salir del estacionamiento, que estaba en la parte trasera del lugar, y que evidentemente también se rentaba para fiestas y otros eventos, mi hija Ana Carmen, entonces de siete años, vio un letrero en la pared que decía: "Despedida de soltera… Adiós, Lupita".

La niña, aparentemente molesta, preguntó el significado exacto de la palabra soltera. Su hermana mayor le explicó que era alguien que no tenía esposo o novio.

Ana Carmen hizo una pausa y luego, muy molesta, exclamó:

— ¿Y sólo por eso la despidieron? ¡No es justo!

Matemática inesperada
Por Natalia López, México

Un día apoyaba a mi hermano a hacer su tarea, y con el propósito de ayudarlo a que entendiera las sumas, le dije:

— Si en esta mano tengo tres melones y en la otra cuatro sandías, ¿qué tengo?

Por supuesto que lo que yo quería era que respondiera que tenía siete frutas, pero me sorprendí mucho al escuchar su respuesta:

— Fácil, ¡tienes dos manos muy grandes!

Ya no es como antes
Por Vianney Bayliss

Mi sobrina, de seis años, le dijo a su hermano pequeño:

— Vamos a jugar a las comiditas.

Después de poner la mesa, la niña cogió el teléfono, simuló marcar un número y luego dijo:

— ¿Me puede traer una pizza, por favor?

Paquicefalosauro
Por Rob Sánchez, Estados Unidos

No cabe duda de que los dinosaurios fascinan a los niños, y mi hijo, de tres años, está obsesionado con ellos. Hace poco, cuando viajábamos en autobús, le preguntó a una pasajera cómo se llamaba.

— Deena —respondió ella—. ¿Puedes decir Deena?

— Deena — repitió el niño—. Y tú, ¿puedes decir paquicefalosauro?

Ciudad pequeña
Por Sandra Elliott, Canadá

En una ocasión, mi hijo de 11 años exclamó: "Odio vivir en una ciudad pequeña". Desconcertada, le pregunté la razón. "¡Porque te enteras de lo que hago antes de que lo haga!", dijo.

Sin consuelo
Por D'Anne Maller, Canadá

Una mañana, mientras me apresuraba para salir a trabajar, Jamie, mi hijo de cinco años, estaba llorando porque Percy, su perro, había salido de casa e iba corriendo hacia la carretera.

A Percy le encantaba subirse a nuestro coche, así que le dije a Jamie que si salía al garaje y abría la puerta, seguramente el perro volvería.

— ¡No, no lo hará! —Dijo sollozando— ¡Él sabe que yo no sé conducir!

Mujeres musulmanas
Por Mariana Mansilla

Una vez, cuando le estaba enseñando a mi hermano de seis años las fotografías de un viaje que había hecho por Malasia, apareció la imagen de varias mujeres musulmanas cubiertas de negro de pies a cabeza. Le expliqué que se vestían así debido a su religión, y pareció comprenderlo. Sin embargo, tras una breve pausa, preguntó:

— ¿Y cómo saben los niños quién es su mamá cuando van a recogerlos al colegio?

Contar hasta 100
Por Sandra Treviño

En una ocasión, mi hijo pequeño, que estaba en preescolar, me contó que sus compañeros sólo sabían contar hasta 20.

— Y tú, ¿hasta qué número sabes contar? —le pregunté.

— Yo puedo contar hasta 100 —respondió muy orgulloso, —pero después tengo que beber agua.

Buen humor
Por Mayela Martínez

Un domingo, mi sobrino Emiliano, de siete años, se despertó como a las 8:30 de la mañana. Media hora después, su madre le ordenó:

— Anda, Emiliano, ve a ducharte.

El niño contestó muy enfadado:

— ¡Ay, mamá, yo siempre me despierto de buen humor, pero tú me pones de malas!

Henry Kissinger
Por Linda Tenbrink, Estados Unidos

Mi hijo es un adolescente típico. Es inteligente, aunque no siempre está motivado en sus estudios. Antes de un importante examen de historia, él apenas había abierto el libro para leerlo.

— Estoy segura de que lo van a reprobar —le dije a mi marido.

— Es un chico maduro —me aseguró él, y para probar su argumento gritó a la habitación contigua:

— Hijo, ¿quién es Henry Kissinger?

— ¿Por qué? —preguntó nuestro hijo, y luego agregó: —¿Es que hay algún mensaje suyo en nuestro contestador?

La razón de nuestra existencia
Por Marta López

Un día iba conduciendo acompañada de mi hijo, entonces de cinco años. Durante todo el trayecto me bombardeaba con preguntas como: "Mamá ¿cómo se hacen las casas? ¿Cómo crecen los árboles? ¿Por qué caminan los coches?"

Harta del interrogatorio, al ver que estábamos a punto de llegar a casa, le dije:

— Cariño, vamos a llegar, así que hazme la última pregunta que quieras que te responda.

Tras pensarlo unos segundos, el niño preguntó:

— Mamá, ¿por qué existimos?

Spiderman vuelve
Por Ligia Macías

Una amiga mía estaba atravesando una mala situación económica, así que tuvo que enviar a su hijo al colegio el

Día de Halloween con el mismo disfraz que usó el año anterior. Queriendo ponerlo en evidencia, uno de sus compañeros de clase exclamó al verlo:

— ¡Miren, trae el mismo disfraz del año pasado!

Varios niños soltaron risas de burla. Sin embargo, el hijo de mi amiga permaneció tranquilo y contestó orgulloso:

— Te equivocas, no es el mismo disfraz.

— ¿Ah no?

— Claro que no —dijo convencido—. El año pasado me disfracé de Spiderman. Este año, de Spiderman 2.

La ventana
Por Rosa María García

Una noche, cuando mi hijo tenía unos tres años, antes de irnos a dormir vi que corría de su habitación a la nuestra y vuelta, asomándose por las ventanas. Después de algunas vueltas, exclamó:

— ¡Mamá, por tu ventana se ve una luna y por la mía otra!

¡Animal con pilas!
Por Sonia Martínez

Una tarde, después de pasear, regresábamos a casa cuando mi hija mayor, entonces de dos años y medio, corrió hacia la puerta y vio una luciérnaga, hecho que la dejó reflexionando unos segundos, pues en la zona donde vivimos son muy escasas y nunca había visto una. Corriendo hacia mí, me dijo con sorpresa:

— ¡Mamá, mamá! ¡Un animal con pilas!

Un buen queso
Por Nora Mercado, Madrid, España

Tengo un negocio de quesos, y un día llegó una niña con un billete de 50 euros.

— Quiero comprar un buen queso, porque es el cumpleaños de mi padre y le encanta el queso.

Comencé a darle a probar quesos, y la niña se decidió por el gruyere, diciendo:

— Póngame un buen trozo, por favor, pero, ¿le puede quitar los agujeros?

Cocina moderna
Por A. Lechner, Canadá

Somos afortunados de que nuestros nietos vivan cerca y nos visiten a menudo. Cuando viene Morgan, mi nieta de siete años, le encanta mirarme mientras cocino.

— Abuela, —me preguntó un día —¿dónde aprendiste a cocinar?

Le dije que me había enseñado mi madre, y que yo le había enseñado a mi hija, y que algún día su madre le transmitiría los conocimientos a ella.

Tras un breve silencio, la niña dijo:

— No creo que eso suceda. Mi madre mete todo en el microondas.

El mejor padre
Por Adán Medina

Mi tío es geólogo, pero tiene un doctorado, por lo que sus allegados se refieren a él como doctor. En una ocasión, cuando mi primo tenía cinco años, estaba discutiendo con otro niño sobre quién de los dos tenía el mejor padre.

— Mi papá es doctor —le dijo el niño.

— Pues el mío también —respondió mi primo.

— Sí, pero el mío cura personas —añadió el chiquillo.

— ¡Pues el mío cura piedras! —contestó orgulloso mi primo.

Ratón en el ordenador
Por Hilary Tyne, Canadá

Cuando a Kate, de seis años, se le cayó un diente, todos los que trabajamos en la guardería nos emocionamos. Para que dejara de llorar, le dije que el ratoncito Pérez le dejaría dinero debajo de la almohada.

— ¿Cómo va a saber que se me ha caído un diente? —gimió Kate.

Isaac, de tres años, dijo:

— ¡Porque tiene al ratón en su ordenador!

Examen de Historia
Por Karina Muñoz, México

En una ocasión, cuando mi hija estaba en tercero de primaria, tenía que estudiar para un examen de historia. Ella me dijo que ya se lo sabía, pero yo tenía dudas, así que cogí el libro y le hice una pregunta:

— ¿Por qué en la ciudad de Querétaro hay tantas iglesias?

La respuesta era "porque Querétaro fue la cuna de la evangelización en aquella época, y de ahí partían los religiosos hacia los municipios para evangelizar a los indígenas". Después de un largo silencio, la niña contestó tímidamente:

— Porque en una sola iglesia no cabe tanta gente.

Italianos
Por Rosalía Zúñiga

Cuando mi hija tenía cuatro años, mi hermana le enseñaba canciones en inglés y en francés. Vivíamos casi a orillas del río Pánuco, donde llegaban barcos mercantes de todo el mundo a descargar. Un día en que la niña estaba fuera de casa, pasaron caminando tres tripulantes de un barco alemán que estaba en el muelle. Al verlos, mi hija gritó:

— ¡Mamá, mamá, mira, esos señores que van ahí son italianos!

— ¿Ah, sí? —le contesté— ¿Y cómo sabes que son italianos?

— Pues es que yo sé hablar inglés y francés, y a estos señores no les entiendo.

Con mucho tacto
María Robledo, Colombia

Cuando mi hija de ocho años me preguntó de dónde venía, decidí que era hora de explicarle los hechos de la vida. Manejé el tema con mucho tacto y quedé bastante conforme con mi explicación. Entonces, la niña se giró a mirarme confundida, diciendo:

— Pero mi amiga Olga dice que ella viene de Rusia.

El teléfono
Por María del Rosario Aranzábal, Estados Unidos

Mi hija Paulina, entonces de cuatro años, y yo jugábamos a hablar por teléfono usando nuestras manos. Puse la mano en forma de cuerno, como un auricular. Noté un gesto de extrañeza en la cara de la niña, pero me imitó y seguimos jugando como si nada hubiera pasado. Al terminar el juego bajé la mano, como si colgara el auricular, y dije:

— ¡Clic!

Ella me miró como si hubiera hecho algo rarísimo, puso la mano como si estuviera sujetando un teléfono inalámbrico, apretó "un botón" con el pulgar y dijo:

— ¡Pip!

Pubertad
Por Michael Stephenson, Canadá

Un día, Robbie, mi nieto de nueve años, le preguntó a su madre:

— Mamá, ¿qué es la pubertad?

Ella le dijo que la pubertad es cuando los cuerpos de los niños empiezan a cambiar.

— Los niños —dijo ella —crecen y se desarrollan sus músculos. Su voz se hace más grave, y les sale vello en el cuerpo.

Al finalizar la charla, su madre le preguntó:

— ¿Lo has entendido, Robbie?

— Sí —dijo. —Sólo espero que suceda el sábado, cuando no esté en el colegio.

Ropa interior
Por Gloria Sámano, Uruguay

Cuando mi hijo iba a preescolar, se fue de campamento con el colegio y no paraba de preguntar a las profesoras cuándo iban a jugar a la ropa interior. Una de ellas, intrigada, le pregunto de qué se trataba. El niño contestó:

— Es que en la hoja que le mandaron a mis padres decía: "Cinco juegos de ropa interior".

Cabeza calva
Por Alejandra García, México

Un hombre calvo se mira al espejo y le dice a su hijo:

— ¿No es maravilloso?

— ¿Qué, papá?

— ¡A mi edad y sin canas!

Padrenuestro
Por Shirley McGrath, Canadá

Dave, mi marido, se siente orgulloso de cómo cocina. Una noche, antes de dormir, Russell, nuestro hijo de cuatro años, le pidió a Dave que le explicara el significado del "Padrenuestro".

Cuando llegaron a la frase "Líbranos del mal", mi marido le dijo que eso quería decir "Aleja las cosas malas de nosotros".

El niño reflexionó sobre la frase un minuto.

— ¿Eso quiere decir —preguntó—, que no tengo que comer algunas de las cosas que cocinas?

Ver la televisión
Aleida Robles, Estados Unidos

Soy arquitecta y trabajo haciendo dibujo constructivo y artístico por ordenador. A veces llevo a mi hija al trabajo y a veces me quedo a trabajar en casa. Un día, frustrada porque no podía jugar con ella, la niña le dijo a su padre que no entendía por qué yo decía tener tanto trabajo.

— ¡Lo único que hace todo el día es ver la televisión! — exclamó enfadada.

CD gigante
Por José Calatayud, Perú

Una vez que fuimos de visita a casa de mis suegros, mi hijo, entonces de unos ocho años, de pronto se acercó a nosotros con un long play (LP) que había encontrado en el suelo, después de que su hermana más pequeña lo hubiera dejado ahí, y le preguntó a mi mujer:

— Mami, mami, ¿dónde puedo probar este CD gigante?

¡Vaya diagnóstico!
Por Claudia Cruz, Venezuela

En una fiesta familiar, una prima mía, de cinco años, se puso a jugar a médicos y pacientes con una tía. No pude evitar reír cuando la niña, que era doctora, examinó a la paciente simulando que la auscultaba con el estetoscopio, y en seguida emitió su diagnóstico:

— Lo siento muchísimo, señora, pero usted está muy grave: ¡su corazón tiene gastritis!

¡Nada que decir!
Por Beatrice Trassard, Francia

Después de casarme con un ecuatoriano, me fui a vivir lejos de mi país. Mi madre, que vivía en Europa, estaba ansiosa por recibir noticias de sus dos nietas. Un día, cuál no sería su sorpresa al recibir un mensaje electrónico de mi hija pequeña, entonces de siete años, que decía:

"Querida abuela, solamente te escribo para decirte que no tengo nada que decir. Te quiero mucho. Tu nieta."

Humor Infantil

En un bello día de primavera, una niña de ocho años llegó a su hogar para inmediatamente admitirle a sus padres lo que había sucedido aquel día: un niño de su clase la había besado.

— Pero… ¿y cómo sucedió eso? —preguntó su mamá, muy sorprendida.

— No fue nada fácil, mamá —admitió calmadamente la pequeña hija —pero tres de mis amiguitas me ayudaron a sujetarlo.

Ese día, cuando la maestra empezó a nombrar los animales del mar, mencionó uno que a Sofía le llamó la atención. La niña le contó a la maestra lo que había aprendido en la Escuelita Dominical el fin de semana pasado, que Jonás fue tragado por una enorme ballena.

La profesora indicó que era realmente imposible que un cetáceo pudiera tragarse a un ser humano, porque si bien es un mamífero muy grande, su garganta es más bien pequeña. Aun con la explicación de su maestra, la niña aseguró que la ballena se tragó a Jonás.

Algo molesta, la profesora le repitió gentilmente que una ballena no podría jamás haberse tragado a ningún ser humano, porque era imposible físicamente. La niñita le dijo a su maestra:

— Bueno, cuando llegue al cielo me voy a ir con Jonás a preguntarle.

La maestra indagó:

— ¿Y qué pasa si Jonás no está allí sino en el infierno?

Muy calma, la niña contestó:

— En ese caso le tocará a usted preguntarle.

En una clase de jardín de infantes, la maestra les pidió a los niños que dibujaran algo. Mientras ella deambulaba por el salón, recorría con la vista a cada uno, observándolos mientras dibujaban.

En eso llegó junto a una niña que ponía especial fervor

en la tarea. La maestra se detuvo y le preguntó:

— ¿Qué estás dibujando?

Ante esa pregunta la niña respondió con mucha seguridad en su voz:

— Dibujo a Dios, señorita.

Muy sorprendida por la afirmación, la maestra objetó:

— Pero nadie sabe cómo es Dios.

Todavía muy concentrada en su tarea, la niña replicó:

— No se preocupe, lo sabrán cuando termine.

Una maestra de catecismo estaba enseñando los diez mandamientos bíblicos con sus alumnos, los cuales tenían entre cinco y seis años. Luego de exponer acerca del mandamiento de "Honrar a tu padre y a tu madre", les preguntó:

— ¿Existe algún mandamiento que nos enseñe cómo relacionarnos con nuestros hermanos y hermanas?

Un niño en la parte de atrás levantó su mano y contestó:

— ¡No matarás!

Un día Tomás, de cinco años, estaba sentado en su

pequeña silla observando a su mamá, que lavaba los platos en la cocina. En eso notó que ella tenía varios cabellos blancos que despuntaban entre sus oscuros cabellos. Fue entonces cuando rompió el silencio, miró a su mamá y le preguntó:

— Mami, ¿por qué tienes esos cabellos blancos en tu cabeza?

Su mamá le contestó:

— Es que cada vez que me pones triste porque haces algo malo, uno de mis cabellos se pone así todo blanco.

El niño se quedó muy pensativo por unos momentos, pero luego dijo:

— Mami, ¿y por qué están blancos todos los cabellos de mi abuelita?

Era casi fin de año y el momento de la fotografía grupal había llegado. Todos los niños habían salido en la fotografía y la maestra estaba tratando de persuadirlos a cada uno de comprar una copia de la fotografía del grupo.

— Imagínense qué bonito será cuando ya sean todos grandes y digan: allí está Catalina, es abogada; o también ese es Miguel, ahora es doctor.

Pero sonó una vocecita desde atrás del salón:

— Y allí está la maestra. Ya se murió.

Un niñito de tres años fue con su papá a ver una camada de gatitos recién nacidos. De regreso a casa, le informó apresuradamente a su mamá que había dos gatitos y dos gatitas.

— ¿Cómo supiste? — le preguntó su mamá.

— Papá los levantó y miró por debajo, — replicó el niño —creo que allí tienen la etiqueta.

La mamá de Sergio compró una cortina de flores y luego salió de su casa. Cuando regresó encontró que la cortina estaba toda tijereteada. "¿Qué pasó?", preguntó enojada. "Te corté las flores, mami, porque te gustan mucho", respondió el niño.

La pequeña de la familia va en el carro y le pregunta a su mamá: "¿Por qué dice "tortillas los tres tiempos" en un letrero?" La hermanita, que es un poco mayor, le contesta muy segura: "Adá… porque hay frías, tibias y calientes".

Es domingo y la familia acaba de desayunar. Antonio

decide bañar a su hijo de tres años. Están en la ducha cuando llega la esposa a verlos y con una sonrisa de oreja a oreja dice: "¡Hola guapo! ¿Quién se está bañandoooo?". El nene frunce el ceño y pregunta: "Mami, ¿po qué se te cayó tu diete?". La madre se ve al espejo y se da cuenta que tiene una cáscara de frijoles trabada en el colmillo.

Llega Tomás a su casa y su hijo Ignacio le pide una pelota de fútbol. "¿Para qué la necesitas, si ahora te gusta el fútbol americano?" "Para jugar básquet en el garaje, papá", responde el niño.

Muy temprano en la mañana suena el despertador y va la madre a tratar de sacar de la cama a su hijo. El niño se queja, se resiste y le dice: "mamá, yo no quiero ir más a mi colegio, quiero ir al de Harry Potter". *

Llega el sobrinito de Mann y le cuenta este chiste: Cuando nació el niño Jesús todo era alegría, la virgen no cabía de felicidad, los abuelitos Santa Ana y San Joaquín muy contentos, los reyes magos, los chivitos, hasta el buey y la mula estaban felices…. sólo San José estaba todo triste. Se le acerca un amigo y le pregunta "¿y a ti qué te pasa?" "Es que yo quería una nena…"

Cuestión de dinero

Estaba un niño frotando dos monedas de euro, una contra la otra, y pasa su madre y le dice:

— Juanito, ¿qué haces?

Y el niño le responde: aquí, gastando dinero.

Este es un niño que camino del colegio se encuentra a una persona que pide en la calle. Cuando pasa a su lado, este señor le dice:

— ¿Me das un euro para un bocadillo?

El niño se queda pensando un momento (qué barato es un bocadillo), y le dice:

— Tenga, le doy dos euros y me compra a mi otro.

El niño a su papá:

— ¡Papá, papá, vinieron a preguntar si aquí vendían un burro!

— ¿Y qué les dijiste, hijo?

— Que no estabas.

En un campamento religioso, donde compartían tanto la habitación como la litera, dos muchachas se están preparando para ir a la cama. La chiquilla de la litera de arriba se pone a rezar:

— Con mi Dios me acuesto, con mi Dios me levanto, con la Virgen María y el Espíritu Santo.

Casi inmediatamente la litera de arriba se hunde y cae sobre la niña que estaba debajo.

Entonces la chiquilla se queja:

— ¿Ya ves? ¡Eso te pasa porque duermes con tanta gente!

Va el niño y le dice al padre:

— Papá, me quiero casar con mi abuela.

Y el padre le dice:

— Pero, ¿cómo que te vas a casar con mi madre?

El niño le responde:

— ¿Y cómo tú te casaste con la mía y yo no dije nada?

Dos comadres se encuentran en el mercado y una le dice a la otra:

— Ay, comadre no sé qué hacer con mi hijo, es muy, pero

muy tonto, yo creo que es el más tonto de los niños.

A lo que la comadre responde:

— No, no, no, mi hijo debe ser más tonto, seguro le gana al suyo.

— No, no, no, mire nada más. En eso la primera comadre llama a Pablito su hijo y le dice:

— Mira Pablito, ve a la casa y me buscas a ver si estoy.

El niño partió, y en ese momento la segunda comadre le dice:

— Ay, eso no es nada, mire esto:

Llama a su hijo Rodriguito, y le dice:

— Mira Rodriguito, toma diez pesos y ve a comprar una televisión a color.

Y el niño se va. Luego, en el camino se encuentran los niños y le dice uno al otro:

— Híjole mano, mi mamá es re-tonta, muy pero muy tonta.

A lo que el otro responde:

— No mano, mi mamá seguro que es mucho más tonta que la tuya.

— No puede ser.

— Oye esto, me mandó a la casa a ver si estaba y ni siquiera me dio las llaves para entrar.

Y el otro le contesta:

— Pues eso no es nada, la mía me dio 10 pesos para comprar una televisión a color, y no me dijo de qué color la quería.

Pepito llega a su casa y le dice a su mamá:

— Mami, aquí está mi boleta de calificaciones.

La mamá la toma, la observa y dice:

— ¿Queeeé? ¡Estas calificaciones merecen una paliza!

El niño le contesta:

— ¿Verdad que sí, mamá? ¡Vamos, yo sé dónde vive la maestra!

Este era un niño de 5 años que estaba con su mamá en la parada del autobús y le dice la mamá al niño:

— Cuando nos subamos al autobús le dices al conductor que tienes 4 años, para que no te cobre pasaje.

Entonces se suben al autobús y le dice el conductor al niño:

— ¿Cuántos años tienes?

Y le dice el niño:

— Cuatro.

Y el conductor le dice:

— ¿Y cuándo cumples los 5 años?

Y el niño responde:

— ¡Cuando me baje del autobús!

Llega un niño donde su mamá que está embarazada y le pregunta:

— Mamá, ¿Qué tienes en la panza?

— Un niño.

— ¿Y quién te lo dio?

— Tu papá.

Y el niño va corriendo donde su papá y le dice:

— Papá, ¡No le andes dando niños a mi mamá porque se los come!

Una maestra le dice a su alumno:

– A ver dígame Pablito, ¿qué pasa si le corto una oreja?

– Me quedo sordo.

– ¿Y si le corto la otra oreja?

– Me quedo ciego.

– ¿Por qué?, dijo asustada la maestra.

– Porque se me caen las gafas, maestra.

Llega un niño muy contento a su casa y le dice a su papá:

– ¡Papá, papá, engañé al chofer del bus!

El papá le responde muy emocionado por la trampa de su hijo y le pregunta:

– ¿Cómo, hijo?

El muchacho le responde:

– Le pagué y no me subí.

Finalizaba el año escolar en la escuela del pueblo y los pequeños estudiantes llevaban regalos para su maestra. El hijo del confitero le regaló una hermosa caja de bombones. La hija de la florista, en cambio, le entregó un precioso ramillete de rosas. Cuando todos hubieron entregado sus presentes, vieron que el hijo del dueño de la licorería se acercaba cargando una caja grande y muy pesada para él. Con mucho trabajo se la dio a la maestra, la cual al recibirla se dio cuenta que algo goteaba por la parte de abajo. Recogió una gota de ese líquido con su dedo y lo probó.

– ¿Es vino blanco? –preguntó, intentando adivinar.

– No –le dijo el muchacho.

– ¿Champán?

– Tampoco, maestra –respondió el alumno.

– Bueno, me rindo. Y dime, ¿qué es?

– ¡Es un perrito!

En una juguetería, un niño escoge un peluche de canguro. Va a la caja y le entrega a la cajera un billete de ese juego de mesa muy famoso llamado Monopoly, a lo que ésta le dice amablemente:

– Amor, esto no es dinero de verdad.

Y el niño le contesta:

– Este tampoco es un canguro de verdad. *

Mientras jugaba con mi hija ésta me dijo:

– Mami, te quiero.

Y le contesté:

— Y yo a ti, pero díselo a papi también.

Y la niña le dijo a su papá:

— ¡Papi, quiero a mami!

— ¡Mamá, mamá! ¿Cómo nací yo?

— Te trajo la cigüeña.

— ¿Y tú?

— A mí me compraron en París.

— ¿Y papá?

— Lo encontraron en una col.

— ¡Pero, bueno! ¡Es que no ha habido un nacimiento normal en esta familia!

Llega un niño a su casa después del colegio, y su papá le pregunta que cómo le había ido.

El niño le respondió:

— ¡Mal!

— ¿Y por qué?

— Porque nadie le entiende a esa maestra loca.

— ¿Por qué? ¿No explica bien o qué?

— No es eso, es que dice que hagamos una cosa y después resulta que está malo.

— ¿Qué pasó, pues?

— Me dijo que escribiera en el pizarrón tres palabras graves.

— Y no pudiste.

— Sí, sí pude, pero dice que eran tan graves que me expulsó del colegio.

Una mujer se pintaba delante de un espejo y el sobrino pregunta:

— Tía, ¿por qué haces eso?

Y la tía contesta:

— Para estar más guapa.

A lo que contesta el niño:

— Y eso tía, ¿cuándo hace su efecto?

Érase una vez dos niños, uno rico y el otro pobre. El rico

le dice al pobre:

– En mi casa se come a la carta, puedes pedir lo que quieras comer.

Y el pobre dijo:

– En mi casa también comemos a la carta, el que saca la mayor es el que come.

Le pregunta la profesora a Pepito:

– ¿Con qué mató David a Goliat?

– Con una moto.

– ¿Seguro Pepito? Recapacita, ¿seguro que no fue con una honda?

– ¡Ah! ¿Había que decir también la marca?

En cierta ocasión un chico fue a comprar cigarrillos y le dice al quiosquero:

– Señor, ¿tiene cigarrillos de colores?

– No nene, no tengo.

Al día siguiente vuelve el chico y le pregunta al quiosquero:

– Señor, ¿tiene cigarrillos de colores?

– No nene, ya te dije que no tengo. –dijo el quiosquero con nerviosismo.

Esa misma noche el quiosquero agarró un paquete de cigarrillos de cada marca, y los pintó a todos de diferentes colores.

Al otro día el chico vuelve al quiosco y le pregunta al quiosquero:

– Señor, señor, ¿tiene cigarrillos de colores?

Y el quiosquero contesta orgulloso:

– Sí, ¿qué color quieres?

– ¡Blanco!

Había una familia que era muy pobre, y el hijo de la pareja ese día se encontraba jugando con su pelota en el patio trasero, cuando de repente se le saltó uno de sus dientecitos. Muy preocupado y con los ojos llorosos, corrió a preguntarle a su madre:

– Mami, mami, se me acaba de salir un diente, ¿qué puedo hacer?

La madre le dice:

– No te preocupes, hijo. Ponlo debajo de tu almohada

porque esta noche el ratón Pérez de seguro que algo te dará.

Animado por esas palabras, el niño hizo lo que su mamá le había dicho, pero cuando se levantó al día siguiente la madre notó que estaba algo enfadado, por lo que se dirigió a él:

— Y dime, hijo: ¿qué te trajo el ratoncito?

El niño respondió sin dejar de mirar el piso, enojado:

— ¡Nada, mamá! Me dejó un papel que decía "sigue participando".

— Mamá, mamá, ¿Es cierto que descendemos de los monos?

— No lo sé cariño, tu padre nunca me ha presentado a su familia.

Llega el niño a la casa y le dice a la mamá:

— Mami tengo una noticia buena y otra mala.

— Dime la buena —dice la mamá.

— Me saqué un diez en matemática.

— ¿Y la mala?

– Que es mentira.

En el colegio:

– Señorita profesora, ¿verdad que no se debe castigar a un niño por una cosa que no haya hecho?

– No, claro que no.

– Estupendo, no he hecho los deberes.

Ese día Pepito se encontraba en la escuela, cuando de pronto el maestro se dirige a él:

– A ver, Pepito, dime por favor el nombre de algún descubridor.

Pepito le contesta:

– Usted, profesor.

Se hace una pausa de unos segundos.

– Pero, ¿y por qué yo? –pregunta el profesor, muy confundido.

– Porque cada vez que usted nos pregunta algo, descubre que no sabemos nada.

El niño llega a su casa y anuncia:

– Mamá, mamá, en el colegio me dicen distraído.

Y la señora le contesta:

– Niño, ¡tú vives en la casa del frente!

Llega un niño y le pregunta a su mamá:

– Mamá, ¿Cómo nacen los bebés?

A lo que la mamá le contesta:

– Mira hijito, primero sale la cabeza, después salen los brazos, después sale el cuerpecito y al final los pies.

Y el niño responde:

– ¡Aaah! ¿Y luego lo arman?

– Papá, papá, ¿Por qué en la escuela me dicen peludo?

– Cariño, ¡el perro me está hablando!

Desde que se enteró que su mamá iba a tener un hijo, un niño todos los días le decía a su maestra que iba tener un hermanito o una hermanita.

Un día su mamá le dijo al niño que se acercara para poder

sentir que el bebé se movía dentro de su estómago, y el niño se sorprendió muchísimo, y desde ese día no paró de comentar a su maestra lo de su hermanita o hermanito.

Un día la maestra le pregunta al niño:

— ¿Y qué pasó con el hermanito que esperaban en tu casa?

Y el niño se puso a llorar y le confesó:

— ¡Creo que mi mamá se lo comió!

Estaba una señora con su hijito de cinco años en la boda de su sobrina cuando el niño levanta la cabeza y le pregunta:

— Mami, mami, ¿Por qué la novia está vestida toda de blanco?

A lo que la mamá le contesta:

— Hijo, lo que pasa es que este es el día más feliz de su vida.

Entonces el niño se queda pensativo por un momento y pregunta otra vez:

— Entonces, ¿por qué el novio está vestido de negro?

Estaba una maestra jugando con sus pequeños alumnos en una guardería, cuando les interroga:

– A ver niños, ¿quién es más inteligente, los animales o los seres humanos?

Al fondo del salón, una pequeñita levanta la mano emocionadísima porque conocía la respuesta.

– Dime Lupita, ¿quién es más inteligente?

Lupita contesta con toda certeza:

– ¡Los animales, maestra!

La maestra, desconcertada por esa respuesta, le cuestiona enfadada:

– ¿Por qué dices que los animales son más inteligentes que los seres humanos?

La pequeña le explica:

– Porque cuando le hablo a mi perrito, sí me entiende, pero cuando él me habla a mí, yo no puedo entenderle.

Una señora le pregunta a un niño:

– Oye niño, ¿cómo te llamas?

A lo que éste le contesta:

– Uuuuy señora, ya ni sé.

— Pero, ¿por qué me dices eso niño? —dice la señora.

El niño responde:

— Pues verá, en mi casa mi papá me dice Francisco, mi mamá Pancho, mis hermanos Paco, y mis tíos Kiko, y cuando estornudo todos me dicen, ¡Jesús! Así que ya ni sé ni cómo me llamo.

Un sobrino le pregunta a su tía:

— ¿Dónde está el pajarito, tía?

— Yo no tengo mascotas, Pepito.

— ¡Pues papá me dijo que íbamos a ver a la cotorra de la tía!

Un niño le pregunta a su padre:

— ¿Papá, te gusta la fruta asada?

— Sí hijo, me gusta mucho.

— Pues estás de suerte, porque el huerto está ardiendo.

Un niño le dice a su papá:

— Papito, papito, mi hermanita ha encendido la

computadora.

El papá le responde:

– Déjala hijito, que tu hermanita juegue un ratito.

El niño le responde:

– Está bien papá, pero como el fuego llegue a tu cuarto, es tu problema.

Estaba Juanito viendo la tele cuando su mamá le grita:

– ¡Juanito! ¿Quién tomó del refrigerador el pastel que iba a compartir en la tarde con las señoras?

Juanito responde:

– Yo, mamá. Se lo di a un niño que estaba hambriento.

La mamá le dice:

– ¡Ay, qué lindo gesto, mi amor! ¿Y quién era ese niño, hijito?

Juanito dice:

– ¡Yo, mamá!

Un hombre va a un bar, y dice con voz seria, y enfadado:

– Deme una cerveza, o si no...

Y el camarero asustado le interrumpe:

– Vale, vale, aquí la tiene.

Después llega un niño pequeño y le dice:

– ¿Me puede poner una Coca-Cola?

– ¡No! –responde el camarero.

Al día siguiente llega otra vez el hombre del día anterior y le vuelve a decir:

– Deme una cerveza, o si no...

Y el camarero le vuelve a decir asustado:

– Vale, vale, aquí la tiene.

Después vuelve a llegar el mismo niño del día anterior, y no le da la gaseosa cuando la pide.

Al otro día, vuelve a llegar el hombre, y le repite lo mismo, el camarero asustado se la sirve de inmediato, casi corriendo. Después llega el niño, y le dice con una voz suave y un poco trémula:

– Deme una Coca-Cola o si no...

El camarero le interrumpe, y dice:

– ¿O si no qué?

Y el niño asustado le dice:

– O si no una Pepsi.

Anécdotas de los Más Pequeños

Mariana sabía inglés y bromeaba con su abuelo:

– ¡Put on!

Ambos reían cómplices, cuando Julieta, la hermanita menor, quiso aportar:

– ¡Mierdón!

– Mamá, ¿Sabes por qué los policías llevan puesto ese chaleco?

– ¿Por qué, Pilar?

– Para no morirse cuando los matan.*

Tomás vio que su hermanito se había llevado un autito a la boca y le gritó:

– ¡Escúpelo!

Lucas se sacó el juguete de inmediato y le lanzó una escupida.

A Bruno le empezó a llamar la atención escupir en el piso, y se puso a hacerlo reiteradamente. Cansada, la mamá advirtió:

– Bruno, si sigues escupiendo el piso lo vas a limpiar con la lengua.

El chiquito se agachó y empezó a pasar la lengua por el piso.

En medio de una discusión acalorada de pareja, el papá le gritó a su cónyuge:

– Bueno, ¡basta! ¡No me rompas más!

– ¡No me rompas más vos a mí! –replicó la madre.

Y Malenita pidió:

– Por favor, no se rompan que me voy a tener que ir a vivir solita. *

Delfina estaba molestando a Mercedes, la hermana mayor. Después de un rato de aguantarla, Mercedes dejó el libro que estaba leyendo, se paró enojada, y advirtió:

– A la cuenta de tres soy hija única. No tengo más hermanas: uno... dos... ¡tres!

– ¿Puedo ser tu perro?

Martincito anunció muy decidido:

– Para el día del niño quiero unos patines y un casco.

– ¡Pero te vas a lastimar! – le dijo su mamá.

– Bueno, entonces quiero unos patines, un casco y una curita.

La madre abrió un desinfectante.

– ¿Que olor tiene, mami?

– Olor a lavanda.

– ¿A la banda de Cantaniño?

– Mamá, ¿Los hombres se besan en la boca?

Los padres le explicaron que en algunos pueblos es una

forma de saludo, y que también es una costumbre entre padres e hijos o entre familiares muy cercanos.

Mati lo pensó un poco, y cuestionó:

– Entonces, ¿Que son los trolos?

– Mamá, ¿qué es la conciencia?

– Es una vocecita que te dice qué es lo que está bien y qué es lo que está mal.

Sebastián se quedó pensativo.

– Ma, – volvió, luego –y esa vocecita, ¿no tiene un botón para apagarla?

Sofía iba tomada de la mano con su madre rumbo al parque, cuando de repente vio su sombra detrás de sí misma, por lo que preguntó:

– ¿Esa niña también viene con nosotras al parque?

La mamá tenía hipo. Y María, extrañada, le preguntó:

– ¿Por qué te tildas cuando hablas, mami?

Enzo y Alina miraban dibujitos cuando se oyó la palabra "mapa". El nene preguntó:

— ¿Qué es un mapa, mamá?

La mujer le explicó qué era y le mostró uno.

— ¡Ah!... ¡Es como un GPS pequeñito! — entendió Enzo.

Damián aseguró que ya había tomado la leche.

— ¿Y quién te la preparó? — cuestionó la madre.

— Papá.

— ¡Pero si papá está de viaje!

— ¡Me la preparó por Internet!

Dany vio en su computadora las imágenes del acto escolar en el que había estado. Luego, varios parientes lo vieron por Internet y llamaron para felicitarlo. Sorprendido, el nene conjeturó:

— Mamá… ¿la compu es mágica?

La madre rezongaba porque el dinero no le alcanzaba para pagar las cuentas.

– No te preocupes, mami – quiso calmarla Federico, de 9 años. – Cuando yo sea grande voy a trabajar en la corrupción y a vos no te va a faltar nada de nada.

Julián, de 8 años, estaba charlando con su mamá en el colectivo acerca de por qué algunas personas elegimos un camino diferente al de la mayoría, y dijo: "Mamá, yo estuve pensando... ¿es así no? Si te dejas llevar por la corriente, ¡te caes en una cascada!"

En el colegio

Firma y aclaración
4 años. Rosario

A los padres les llegó una notificación del jardín por la desobediencia de Joaquín. Al devolverla firmada, el nene rogó:

— Seño, no me escribas más notitas porque mis padres me retan.

Magia blanca
6 años. Colegiales

A poco de empezar primer grado, María Paula comentó, impresionada:

— Si faltas al colegio y no avisas, te ponen una maldición en el cuaderno.

¡A faltar que se acaba el mundo!
9 años. San Isidro, Buenos Aires

Después de escuchar hablar sobre el calendario maya, Abril, de 9 años, temió:

— Entonces… Si es verdad que el fin del mundo es en

el 2012, ¡desperdicié casi toda mi vida en el colegio!

Materia previa
6 años. La Boca

A poco de iniciar primer grado en el barrio de la Boca, en Argentina, y durante un almuerzo, Sofía, de 6 años, anunció a la mamá:

— No quiero ir a la escuela.

– ¿Por qué, hija?

— Porque yo no sé leer.

La niñez, tu ilusión y tu... ¿contento?
7 años. Santo Tome, Santa Fe

– ¡Mami, estoy contento de empezar hoy las clases!

– ¿Sí, Manuel?

– ¡Sí! Pero sólo por hoy que es el primer día. ¡Mañana no me lo pidas!

Pedido
5 años. San Telmo

La mama anotó a Agustín en el jardín y el chico fue lo

más tranquilo. Pero el segundo día de clases, pidió:

—Mamá, ¡desanotame por favor!

Ciencia-ficción
5 años. Los Polvorines

Juampi, de 5 años, quiso saber:

— Cuando termine sala de 5, ¿después tengo que estudiar mucho para ser Power Ranger?

Mejor pregunto
6 años. Córdoba

Lautaro, de 6 años, preguntó a su hermanito mayor:

— ¿Qué es el Polimodal?

— Es cuando elegís qué quieres ser, Lau. Yo, por ejemplo, quiero ser albañil — dijo Santi. Y en voz baja consultó:

— Para eso no hay que estudiar mucho, ¿no, ma?

Quemando etapas
5 años. Trevelin

El hermanito empezó a subir la escalera, gateando.

Agustina contaba por teléfono a la abuela:

— Está en el quinto escalón... ahora en el sexto... séptimo, octavo, noveno. ¡Y ahora está en el primero del polimodal!

Breve pero...
7 años. Arrecifes

Los chicos tenían que elegir una noticia y comentarla. Grecia recortó una nota sobre un choque seguido de muerte con pérdida de masa encefálica. La madre se asombró:

— ¿Por qué elegiste ésta?

— ¡Porque no había otra más corta! — respondió Grecia.

En cuanto a los animals

A caballo regalado...
5 años. Merlo, Buenos Aires

Para el cumpleaños, el abuelo le había prometido una computadora, pero Helena, de 6 años, dijo que quería una muñeca Barbie. La madre indicó:

— No, Hele, los regalos no se piden, la gente hace atenciones.

— ¡Está bien! Pero el abuelo me regala la Barbie. La compu es una atención.

Pet house
5 años. Lobos

El padre pensó que a su hija de 5 años le gustaría tener una mascota, así que le preguntó:

— Cata, ¿te gustaría tener una mascota, como un gatito o un perrito?

— Sí, papi, me gustaría mucho... pero si traemos una jirafa tendrías que cortar el techo.

En la casa

Ruidos no molestos
4 años. Martin Coronado

Un domingo, como a eso de las ocho de la mañana, se empezaron a escuchar golpes en la medianera. Dante preguntó:

— Mami, ¿qué es ese ruido?

— Tu vecino... ¡molestando temprano un domingo!

— No está molestando. Está arreglando su casita — acotó Dante, de 4 años.

Pros y contras
Floresta

Jugando a la pelota en el patio, Nicolás, de 3 años y medio, repetía:

— Toma la pelota Buonanotte, ¡Goooool de Buonanotte!

Después de escucharlo varias veces, la madre objetó:

— Pero, Nico, ¿Siempre hace goles Buonanotte? Si Buonanotte es de River ¡y vos sos de Boca!

— Sí, pero mete goles en contra.

Goles mal encaminados
3 años Rosario

María estaba jugando en el jardín trasero en su casa de Rosario, en Argentina. De tan sólo 3 añitos, pateaba la pelota hacia el arco. Y contentísima, volvía corriendo y gritaba: —"¡GOOOOL... de contramano!

Lo bajaron a hondazos
10 años. Rosario

Carlos y su hermanito Guille solían jugar en el jardín y cada tanto veían pasar unos chicos que vendían pajaritos. Una vuelta, Carlos encargó uno.

— Te lo traigo el sábado— prometió uno de los nenes. Al día siguiente, Carlos le recordó, entusiasmado: —¡Faltan 5 días!

— Sí, quédate tranquilo. El martes, volvió a la carga: —¡Faltan 4 días!

—Sí, te lo traigo. Y así, hasta que, cansado, el niño vendedor le replicó:

— ¡Al final no te lo voy a traer nada porque todos los días me cambias la fecha!

De todo un poco I

Qué divina., ¡la nena!
4 años. Ranelagh

Cynthia y su abuela recorrían un campito buscando estiércol para abonar los geranios del balcón. En eso, la nena de cuatro años vio un montículo y llamó:

— ¡Abuela, abuela! ¡Acá hay una caca divina!

Camino al cielo
7 años. Villa Pueyrredón

En la playa, jugando con caracoles, Cristian, de 7 años, explicaba:

— Hay caracoles de mar, caracoles de tierra ¡y caracoles de cielo!

Sus hermanas lo miraron, intrigadas. Y él justificó:

— Claro... ¡cuando se mueren!

Creación pura
6 años. Martín Coronado

Apenas llegó de la escuela, el nene de 6 años le contó a su mamá:

— Mami, la seño nos mandó a dibujar a Adán y Eva.

— ¡Qué lindo, Luca!

— ¿A Dios no le dio vergüenza crearlos así... desnudos?

Resistiré, para seguir durmiendo
6 años. Tigre

Cuando la madre fue a despertarla, Jazmín, de 6 años, alegó:

— ¡Mamá, quiero faltar! No me interesa el premio a la resistencia perfecta.

La vida y la muerte bordada en la boca
10 años. Colegiales

Joaquín y Álvaro jugaban en la Plaza Mafalda, cuando Joaco, de 10 años, dijo:

— Yo lo que quiero es vivir la vida — Y mirando a la mama de Alvi, agregó:

— Él en cambio me dijo que quiere morir la muerte.

Pero antes de que la señora saliera de su estupor, Álvaro corrigió:

— ¡No! Yo lo que dije es que quiero matar la muerte.

Matrimonio no consumado
5 años. Caracas

Cuando se casó la tía Carlota en su pueblo natal de Caracas, Venezuela, Andrea ya sabía cómo se concebían los bebés. Seis meses más tarde, se cruzó con una vecina en el ascensor, la cual le preguntó:

— ¿Así que tu tía Carlota se casó?

— Sí, se casó — afirmó la niña, de cinco años—, pero todavía no hizo el amor.

Acción directa
8 años. Floresta

— ¿Cómo se combate el dengue? — preguntó la maestra.

— ¡A chancletazos, señorita! — gritó Alejo.

¡Se salvó raspando!
2 años y 4 meses. Concepción del Uruguay

Ese día en Concepción del Uruguay la maestra le comentó a la madre que Pablito se había hecho un arañazo en la pancita. Más tarde, en la cama, el nene de 2 años y 4 meses levantó la sábana y mostró la panza, planteando:

— Hay una araña grandota.

A ellos les gusta mucho
5 años. Balvanera

Cansada de que Victoria le discutiera y la contradijera todo el tiempo, la madre le dijo muy frustrada a su hijita de 5 años:

— ¡Bueno, es así y no me jodas más!

— ¡Pero a mí me gusta joderte!

Anteoj... era
3 años Rafael Castillo

— Los perros no usan anteojos — dijo Ignacio, en ese entonces de tres años, a la mamá.

— No, más vale que no.

— No... Porque tienen las orejas así caídas y se les caen.

Nací para gritar
5 años. Ituzaingó, Buenos Aires

Era una hermosa tarde de otoño en Ituzaingó, Buenos Aires, pero en la casa la bebita gritaba, gritaba y gritaba.

De pronto se escuchó:

—¡Basta, Martina! ¡No cantes más! —le gritó Juan Cruz, el hermanito de 5 años.

La casa de los espíritus
5 años y medio. La Boca

Gonzalo, 5 años y medio, se divertía llamando por teléfono a cualquier número que encontraba. Un día, la madre lo vio con un folleto que tenía la imagen de la virgen, y ordenó:

— Gonzalo, el teléfono no es para jugar, así que corta ya mismo.

— No, mamá. Estaba llamando a la virgen para pedirle que me traiga un helado.

— Gonzalo, la virgen no es como Papá Noel. A ella se le piden cosas espirituales.

— ¡Ah...! Entonces le voy a pedir que me traiga un fantasma.

Manto de olvido
4 años y medio. Valentín Alsina

Al llegar al campo en el que pasarían las vacaciones, en la pared de un quincho estaban colgados los cueros de varios animales típicos del lugar. Amelie, de cuatro añitos, se puso a mirarlos con mucha atención.

— Papi, ¿los pusieron ahí para que los recordemos? — interrogó.

¡Duro y a la cabeza!
3 años. Carlos Casares

— Martina, deja eso por favor.

— ¿Qué es, mami?

— Pastillas para los mosquitos.

— ¿Qué? ¿Les duele la cabeza a los mosquitos, mami?

Fort...una de actualidad
13 años. Constitución

En la televisión estaban hablando de Ricardo Fort (un ricachón mediático de la TV argentina). La madre cambió de canal y puso un noticiero que anunciaba: "Robaron la casa de la nieta de Fortabat". Natalia, de 12 años, se sorprendió.

— ¿Todos los ricos empiezan con Fort?

Compre ahora, aprenda después
5 años. El Palomar

Agustina faltó tres días al colegio porque estaba con fiebre. El cuarto día se levantó bien. La madre saludó, contenta, a su hija de cinco años:

— ¡Buen día, Agus! ¡Ya no tienes fiebre! Entonces vamos al...

— ¡Shopping! — Interrumpió la niña.

Al pie de la letra
2 años y 10 meses. General Madariaga, Buenos Aires

Luego de comer, el tío y su sobrina de 2 años y 10 meses, se sentaron en el sofá del living. Era un domingo como cualquier otro en General Madariaga, Buenos Aires y toda la familia estaba haciendo la sobremesa.

— Josefina, ¿qué dice tu camiseta? — Indagó el tío, mirando la inscripción.

— Nada. Las camisetas no hablan.

Una preguntita, nomás...
6 años. Necochea

La familia volvía de pasar un día de playa. Relajados y exhaustos, ninguno decía palabra. En eso, Matías, de seis años, rompió el silencio para interrogar:

—Tía, ¿Cómo se generó la electricidad?

¡A que no sabes...!
3 años. Barrio Norte

—Papi, ¿Sabes una cosa?

— ¿Qué cosa, Martin?

— Que te quiero mucho.

— Yo también.

— No. Yo te pregunté si sabías.

El refugio de la cultura
3 años. Caballito

Como los chicos se distraían de las tareas que tenían que hacer en el jardín, la maestra les pidió que solamente llevaran juguetes los viernes. Al día siguiente, Luciano cargó una revista en su mochila. Y cuando el padre quiso decirle algo, el nene se atajó:

— La revista no es juguete.

¡Justo a tiempo!
5 años. Palermo

La más chiquita comentó que tenía un compañero que se llamaba Justiniano. Entonces, el papá y Francina -la mayorcita de cinco años- comenzaron a bromear:

— Ah, nunca llega tarde, llega "Justiniano".

— Ah, nunca llega temprano, llega "Justiniano".

— Ah, siempre viene corriendo para llegar "Justiniano".

Al día siguiente, mientras iban para el jardín, Francina se detuvo.

— ¿Cómo se llamaba ese nene con nombre de horario?

Un ciclón
12 años. Villa Urquiza, Buenos Aires

Rubén fue con su padrino a ver un partido del equipo argentino San Lorenzo de Almagro, equipo del que ambos eran simpatizantes. Cabe aclarar que a San Lorenzo le apodan "el cuervo". En un momento, el árbitro cobró penal para Boca Juniors. El nene gritó indignadísimo:

— ¡¡¡Cuervo hijo de p...!!!

— ¡Cállate, que cuervos somos nosotros! —aclaró el hombre.

Joven promesa
8 años. General Pico

Tomás, de ocho años, formaba parte de la liga de fútbol infanto-juvenil. Un día, el entrenador llegó con la noticia de que iban a trasladarse a otros pueblos para participar de torneos regionales.

— ¡Pero yo no quiero que me vendan a otro club!— Saltó el nene.

Shopping Volador
3 años

Un día muy ventoso, desde el patio de comidas de un shopping, Santiago miró el cielo a través del techo vidriado. Y al ver pasar las nubes con velocidad, el niño de tres años exclamó:

— ¡Papi, se están llevando el shopping!

Cuidado con el dino...
3 años y medio. Zarate

Preparando una visita al museo de La Plata, la madre le explicó a Renata que allí había dinosaurios como los que ella veía en la tele.

— ¡Ay mamá! ¿Estarán atados?

Semana Santa

Anda a lavar los... ¡pies!
5 años. Parque Avellaneda

Cuando Se acercaban las Pascuas, la mamá repasaba con Camila lo que había aprendido en Catequesis.

— ¿Qué hizo Jesús luego de la última Cena?

— Lavó los platos — contestó la nena de cinco años.

¡Un aplauso para el... pescador!
3 años. San Andrés de Giles

En el restaurante, la madre preguntó a los chicos:

— ¿Qué quieren comer?

— Asadito —respondió Carmela.

— No, hoy no se puede asadito porque hoy se murió Jesús.

— ¿Por qué mami? ¿Él es el que hace el asado? — interrogó Conrado, el más pequeño de tres años.

Clásicos de Pascuas

3 años. Benito Juárez

En el instituto donde vivía Leonardo, los concurrentes empezaron a despedirse. El nene terminó su huevito de Pascua y se apresuró a saludar:

— Chau, Luis... ¡Felices huevos!

3 años. Almagro

La mamá armó un conejo y lo decoró con un huevito. Al verlo, Juan Cruz, de tres años, exclamó:

— ¡Feliz Huevo de Pascuas! La mujer corrigió:

— Es "Feliz Día..."

— ¡Ah! ¡Feliz Día del Huevo!

9 años. Necochea

Analía, de nueve años, observaba el calendario.

— ¡Mamá! ¡Papá! ¡Miren qué casualidad! ¡Jueves y viernes Santo caen jueves y viernes!

4 años. Villa Devoto

Para Pascuas, Juan acompañó a su abuela a la Iglesia. Cuando entraban, la señora se dirigió al limosnero y puso dinero. El niño de cuatro años la miró sorprendido.

— Abuela, ¿tenemos que pagar entrada?

De todo un poco II

Grafología por SMS
6 años. San justo, Buenos Aires

La madre recibió un mensajito en el teléfono móvil: "Cuidado con los huevos". Relacionándolo con la dieta, estimó que sería de la madre de un amiguito de su hijo de seis años, Julián. Entonces intervino él:

— Mira la letra, mamá, porque Nazareno me mostró la letra de Su mamá y yo la reconozco.

Sobresaliente
6 años. San Cristóbal, Buenos Aires

Contenta, Micaela mostró un "Sobresaliente" que la maestra le había puesto en un dictado. Como era su primera evaluación, la madre la besó y abrazó, muy emocionada por el gran logro de su hija de seis años.

— ¡Qué buena nota! ¡Te felicito!

El padre se sumó:

— Yo también te felicito, hija. ¿Sabes qué significa esa nota?

— Sí. Que me pasé del renglón.

Experta en bodas
4 años. Cañada de Gómez

Se casaba la tía en Cañada de Gómez, una localidad de Argentina, y Nazarena nunca había presenciado una boda. Justo le tocó ir adelante, con su hermana y sus primitos. Estaba sobre la alfombra roja, cuando de pronto empezó la música, se abrió la puerta de la iglesia y vio entrar a la novia con un vestido deslumbrante y un enorme ramo de flores en sus manos. La nena de cuatro años se quedó estupefacta. Cuando le indicaron que avanzara, sin salir del impacto, lo hizo todo el tiempo… ¡mirando para atrás!

El primo Agustín era el encargado de llevar los anillos durante la ceremonia nupcial. Al verlo con traje, Nazarena cuestionó:

— Mamá, ¿Agustín también trabaja en un banco, como papá?

Pasado el casamiento, refiriéndose al recorrido de la novia hasta el altar, Nazarena preguntó:

— Mamá, ¿A la tía le dolían los pies que caminaba tan despacito?

Días después del casamiento, alguien curioseó:

— ¿Estaba linda la tía, Nazarena?

— Sí. Tenía un vestido largo, largo y una planta en la mano.

Cortes de luz

De golpe y timbrazo
4 años y medio. Rosario

La tía bisabuela vio por la ventana a unos Testigos de Jehová y se apuró a decirle a Fernando, de cuatro años y medio:

— Van a golpear, porque se cortó la luz. Ni se te ocurra abrir, ¿eh, Ferchu?

— ¿Por qué nos van a golpear? ¡Si la luz se cortó sola!

Mercados emergentes
4 años. Villa María, Córdoba

Era una noche de verano en la localidad de Villa María, en la provincia de Córdoba, Argentina. De pronto se cortó la luz y pasaron algunos minutos. Cansado de esperar que volviera el suministro de energía eléctrica, Lautaro, de 4 años, pidió:

— Vamos al almacén, mamá.

— No, Lautaro, está muy oscuro. Vamos después.

— No, mamá. Vamos al almacén a comprar luz.

Las vueltas de la vida
4 años y medio. María Grande, Entre Ríos

Priscila entró corriendo a la cocina, gritando:

— ¡Volvió la luz! ¡Volvió la luz!

— ¿Y adónde se había ido? — Inquirió Bauti, de 4 años y medio.

Por las dudas aclaro…
4 anos. Muñiz

Vicky, de cuatro añitos, metió un alambre en un enchufe; y el resultado fue un golpe de corriente, un apagón, una internación... y retos por varias semanas. Tiempo después, en un shopping, la mamá, la tía y la nena bajaron por el ascensor, y los maridos de las señoras fueron por la escalera.

Cuando el ascensor paró, Vicky salió disparada para encontrarse con los hombres. Justo en ese momento se cortó la luz.

—¡¡¡Vicky!!! — gritó la madre, desesperada, al no ver a la niña.

Y oyó la vocecita de ella, que venía desde adelante.

— ¡Pero, mamá! ¡Si yo no fui!

¡S.O.S. mi vida!
9 años. Villa Pueyrredón, Buenos Aires

Mientras los chicos miraban la tele, se cortó la luz.

— Esperen que ya pongo la luz de emergencia — dijo el padre. Y prendiendo una lámpara a pilas, anunció:

— Listo, ¡ya tienen luz! Pero Lucía, de nueve años, se quedó mirándolo.

— ¿Y la tele de emergencia dónde está?

Un corte y volvemos
4 años y medio. Villa Adela, Córdoba

— Por favor enciende la tele—pidió Florencia, de cuatro años y medio.

— No se puede porque está cortada la luz.

— ¿Viste, ma? ¡La tendríamos que haber prendido antes de que se cortara!

¿Qué bueno es vivir como esta gente?
4 años. Haedo

Se había cortado la luz, y la mamá aprovechó:

— Chicas, ¿qué cosas no podemos hacer cuando no hay

luz?

— No podemos usar la compu, no podemos mirar la tele, no podemos hablar por teléfono...—enunció Valentina, la hermanita mayor.

— ¿Y cuando no hay gas?

Entonces respondió Guillermina, la más pequeña, de cuatro años:

— No podemos tomar Seven Up, ¡porque la Seven Up tiene gas!

Energía sustentable
3 años. Liniers

El papá volvía con Joaquín del jardín. Cuando entraron a la casa, el hombre notó:

— ¡Uy Joaquín, se cortó la luz!

El chico de tres años no se hizo problema. Pero al rato, pidió:

— Papi, quiero ver unos dibujitos en la tele.

— Pero ya te dije que se cortó la luz.

— No importa, papi, los veo con la luz apagada.

Luz, cámara, acción
5 años. Fiorito

Rocío quería ver televisión, pero la madre le aclaró que no podían porque no había luz.

— Ponle pilas —sugirió Rocío.

La mujer le explicó que no se podía; la nena se quedó pensativa y al rato, se compadeció:

— ¡Pobres los actores! Estarán preocupados porque se cortó la luz y no pueden trabajar.

Impresionismo
2 años. Las Rosas

La mamá leía el diario en la cama y Laureano, a su lado, miraba atentamente las páginas, que eran en color. En un momento, la mujer llegó a las hojas en blanco y negro y justo había una señora abriendo una heladera.

— ¿Se cortó la luz, mamá? — preguntó el chico.

Fijarse en gastos
3 años y medio. Isidro Casanova

La madre llamó por teléfono a Aylen, que estaba en lo de la abuela. La nenita comentó:

— Acá no hay luz.

— Donde yo estoy tampoco.

Aylen se quedó un segundo en silencio y después preguntó, irritada:

— ¿¡Y quién la gastó!?

Popurrí de chiquilinadas
2 años y medio. Quilmes

Johanna solicitó a la mamá que prendiera la luz.

— No, se cortó la luz.

— Uy, pobrecitaaa… ¿Y con qué se cortó?

3 años. Salta

— Mamá, ¿cortaron la luz?

— Sí, nena, cortaron la luz.

— ¿Con la tijera?

2 años. Junín, Buenos Aires

Se interrumpió el suministro eléctrico y la madre prendió una vela. Sorprendidos, los gemelos Alejo y Tomás empezaron a aplaudir y a cantar:

— ¡Feliz cumpleaños!

De todo un poco III

Intuición femenina
3 años. Rafaela

— Mami, ¿te sientes bien?

— Sí, Lola, ¿por qué me lo preguntas?

— Por nada... es que siento olor a mal.

Cenizas quedan
3 años y medio. Palermo

Facundo pasó por una vivienda que se había incendiado.

— En esa casita hicieron un asadito — le comentó al papá.

Disculpe las molestias...
2 años y medio. Luján

Lucía entraba y salía del cuarto donde el padre estaba trabajando. La mamá la llamó, para indicarle:

— No lo molestes.

— No, los nenes no molestan.

— No, claro...

— No, ¡las mamás molestan!

El último café
2 años y 2 meses. San Pedro

Pedro quería sacar unos pocillos del armario y su primo Tomas se oponía. Cansada de escucharlos discutir; la abuela, en un exabrupto, les gritó:

— ¡Basta, dejen de joder!

Entonces Tomas cerró despacito la puerta del armario. Y alejando a Pedro de los pocillos, musitó:

— Vamos, Pedro. Los joder se quedan aquí.

Globalización
5 años y 11 meses. Villa Ramallo.

La mamá le dijo a Sara que el alma del bisabuelo se había ido al cielo.

— ¡No, mami, no es el alma, es el espíritu! — La corrigió la nena—. Y es como un fantasmita que se separa del cuerpo y se va para arriba como un globo.

¡No lo carguen!
4 años. Mar del Plata

— No tenemos que portarnos mal — apuntó Juan Cruz, hablando con su papá.

— Claro.

—Ni pelearnos con nuestros amigos.

— Lógico.

— Tampoco hay que cargar (burlarse de) a la gente.

— Muy bien...

— Para eso están los camiones.

Gripe sobre ruedas
2 años y medio. San Nicolás

Pasó un autobús frente a la casa y justo la válvula del Sistema de Suspensión hizo su clásico: "¡Pssssssss...!". Elías exclamó, pasmado:

— ¡El autobús estornudó!

Autobús de tercera edad
4 años. Rosario

Por problemas con el auto, la familia tenía que volver de

las vacaciones en autobús. La madre se lo explicó Agustín. Y él, contrariado, replicó:

— El autobús no nos puede llevar a casa, mamá. Es un viaje muy largo... Se va a cansar en el camino.

Usted tiene cerebro, ¡úselo!
4 años. Caballito

En una propaganda televisiva, un hombre compraba un ciclomotor y luego iba manejándolo por la calle. Diego se desconcertó.

— Mami, ese señor no tiene casco, ¡qué mal!

Más puertas
4 años y medio. Rosario

El auto anterior había sido de tres puertas, y los padres hablaban de comprar un modelo de cuatro.

— No — interrumpió Agustín—, yo quiero uno de dos.

— ¿Cómo de dos?

— Dos adelante y dos atrás.

Giro en falso
2 años y medio. Berazategui

Julián paseaba en auto con sus tíos. En eso, un motociclista que iba adelante extendió su brazo izquierdo para indicar que giraba. Y el nene retribuyó:

— ¡Adiós, señor! ¡Adiós, señor! —saludando con su manito.

Caballos de fuerza
2 años y medio. Camilo Aldao

La prima mayor estaba aprendiendo a manejar y arrancó el auto a las sacudidas. La mamá bufoneó:

— Parece un caballo, por la manera en que corcovea.

Y el pequeño Francisco comentó:

— El auto de mi papá no caballea.

Aire puro en la ciudad
4 años. Florida

Fanática de los autos, Thais solía ir por la Calle mirando y nombrando las diferentes marcas y modelos. En una oportunidad pasó frente a un descapotable y se detuvo, sorprendida.

— ¡Mira, papi, qué hermoso! — Mostró— ¡Ese es un auto para respirar!

Observaciones de ciudad
4 años. San Cristóbal

Un día de calor, la tía llevaba a Victoria de vuelta a su casa en un taxi. El auto contaba con techo corredizo y el chofer lo tenía abierto. La nena lo miró un rato, anonadada. Y finalmente se dirigió al hombre:

— Señor... ¡usted un día de lluvia se tiene que ir a su casa caminando y con paraguas!

*****

Estimado Lector

Nos interesan mucho tus comentarios y opiniones sobre esta obra. Por favor ayúdanos comentando sobre este libro. Puedes hacerlo dejando una reseña al terminar de leer el mismo en tu lector de libros electrónicos o en la tienda donde lo has adquirido.

Puedes también escribirnos por correo electrónico utilizando la siguiente dirección: **info@editorialimagen.com**.

Si deseas más libros como éste puedes visitar el sitio web de Editorial Imagen (**www.Editorialimagen.com**) para ver los nuevos títulos disponibles y aprovechar los descuentos y precios especiales que publicamos cada semana.

Allí mismo puedes contactarnos directamente si tiene dudas, preguntas o cualquier sugerencia. ¡Esperamos saber de ti!

Más Libros por Lucas Olmos

Los Mejores Chistes – Una divertida recopilación de chistes latinoamericanos graciosos.
Un gran abanico de chistes y situaciones cómicas que le divertirán; proporcionando también, una amplia gama de recursos humorísticos no sólo para su propio disfrute, sino también para animar reuniones.

Los Mejores Chistes 2
Otra divertida recopilación de los chistes latinoamericanos más graciosos.

Chistes inteligentes sin recurrir a un lenguaje vulgar. Chistes gráficos, imágenes que te hacen matar de risa. Con este libro tienes la diversión asegurada.

Cuentos Humorísticos - Más de 60 páginas de diversion.

Cuentos e historias graciosas. Una verdadera colección de cuentos chistosos.
¡Libera las tensiones de la rutina diaria con historias cortas que no te dejarán parar de reír!

Los Mejores Chistes para Adultos - Más de 100 páginas de Humor.

Contiene humor negro, chistes de ancianos, chistes de homo-sexuales, apodos graciosos, chistes clasificados sobre sexo, cuernos, religiosos y muchísimo más!

*****

www.ingramcontent.com/pod-product-compliance
Lightning Source LLC
LaVergne TN
LVHW011725060526
838200LV00051B/3028